JN439716

희망의 비율

강명자 시집

문학의전당 시인선
387

희망의 비율

강명자 시집

문학의전당

시인의 말

감나무가
감또개를 떨어뜨리고 있다.

몇 개나 곯지 않고
영근 알로 붉을지
마음 졸인다.

2025년 1월
강명자

차례

제2부

제3부

제4부

제1부

미소 천사

포대기에 싸여 공갈 젖꼭지 오물오물 물고 잠자는 아기를 보며 미소 짓던 새댁이 내린 자리 앉아서 잠깐 아이 엄마처럼 웃는 사이에 돌배기 보듬은 젊은 여인이 차에 올라 자릴 비켜 주었는데요 고맙다는 엄마 말을 알아들었는지 눈 마주친 아가 부끄러운 듯 엄마 품에 얼굴 포옥 가리다 쳐다보곤 생긋 웃더니 또 가리네요 온통 아가 미소에 취하여 버스 안 남녀노소 벙글벙긋 싱글생글 웃고 있네요

다음 정류장엔 아무도 내리는 사람이 없었습니다

감자꽃

쪼그라진 감자
재 묻혀 제대로 심을 사람 없어
그냥 두엄더미에 버렸다

겨우내 냉기에 시달리며 견뎌낸
싹눈이 자라
자줏빛 꽃 피웠다

식물도감에서 본
자주감자꽃
두엄더미에서 본다

씨알이야
달리든 말든

꽃을 본 것만으로도
고맙고 미안한 봄날이다

사진 한 장

친정집 장롱 위 먼지 둘러쓴 앨범에는
신반 무궁화사진관 옥상에서 무더기
조롱박 배경 삼아 찍은 어깨 나란한 사진이 있다
지는 해 눈부셔 실눈으로 웃고 서 있는
서울로 부산으로 떠난 순한 우리 얼굴 같은 조롱박이
조롱조롱 빈집을 지키고 있다

받아쓰기

굽이치며 흐르는 냇물
자갈돌에 부딪히고
바위에 이마를 짓찧으며
낭떠러지에서 구르고 온몸을 던져
갑자기 회전하며 주춤대는 것도
다 앞 물 받아쓰기네요

갈 길 바쁜 평지 흐름도 같이 가자는 악착같은 받아쓰기 잠시 뒤, 물이 머뭇거리는 것은 앞 물길의 시침질이 늦어서이기도 하지요 더러는 우쭐우쭐 혼자서 앞서는 것도 돌발적인 막힘으로 앞 물이 회전하기 때문이고요 악착같이 받아쓰기 못하는 물살은 역류하며 뒤이은 물에 그만 합류되고 말아요

젖은 나무 그늘 다가와 잔잔한 잠시의 호수
쉬어가라 손 내밀면 못 이기는 척
주저앉아 쉬는 것도 받아쓰기
앞서거니 뒤서거니 다시 물살을 끌며 흘러
흘러가는 배턴 받아쓰기

저 혼자 힘으로는 흐를 수 없는 물은
처음의 물 바닥 지세를 따라
끝내, 바다로 가서 차례로 쥐었던 배턴을 던진다네요

물의 한살이
사람의 한살이도 누굴 받아쓰기한 건가요

파문을 낳는 연못

소나기 그치고
흙탕물 가득한 연못
층층이 산그림자 내려오더니
저녁노을 가라앉힌다

날 어두워지는 게
못마땅한지
새 한 마리 수면 위에
얼굴을 씻는다

파문이
파문을 낳는다

물속의 물고기들도
알을 낳는다

그리운 나무 그늘

캄캄해서 보이지 않아도
다 퍼내었다고 여긴 아픔인데
다시 고이고 마는
내 안의 물관부
올무에 걸린 짐승처럼
발버둥 쳐도 헤어날 수 없네
당신 빈자리 너무 커
삶의 한 귀퉁이가 주저앉은 자리
눈물로 잎새 틔워서
아픈 기억 한 잎씩
떼어내어 가겠네

자운영꽃

야간반 김 씨가 꽉 조여 놓은 나사

타인의 손을 빌려 풀었습니다

살면서 잠근 마음 느슨하게 풀거나

한(恨)처럼 조인 것

습관처럼 다시 힘주어 죄다가

저 넓은 논도 오늘은

자운영꽃 소담스레 피어서

일 다잡던 초조한 마음 나사를

아예 두 줄로 확 떼어

풀어버렸습니다

논이 먼저 편히 좀 쉬자네요

시침질

솜이불 시침질에 콕,
찔린 손가락이
나를 덮어 온 삶의 섶자리를
촘촘 깁습니다

네 모서리가 한 땀씩
중심을 잡아가는 이불

매듭을 묶기도 하고
끊어놓기도 하는 한 페이지 문장처럼
때로는 깊숙이 부끄러움도 감치며

아슬아슬 아린 마음 조각들 붙잡고
밤새워 풀다가 묶었다가

내 삶을 콕콕 찌르는 박음질
아직도 작시 시침질 중입니다

살다 보면

위로만 쳐다보면 사는 게 힘들어
아래를 보면서
살다 보면 살아진다던
어머니 웅숭깊은 말씀으로
아이들 웃는 얼굴에 드는
그늘 먼저 살핀다

너는 아직도 교과서 맹키로 사나
친구 말에 정수리를 맞기도 한다

백지 한 쪽 끼워두고 새기며 살던 어머니
그 바닥까지 왔다고 생각해도 내 바닥이 보이지 않는
아픈 마음의 편린들

그냥 삶이지요
어머니,
살다 보니 살아지네요

어깨너머

손 없는 날을 잡아
정성 들여 장 담그시던 어머니 손길
우리네 가풍을 잊지 않습니다

밭이랑에 엎드려
모종 옮겨 심고 가꾸는 농사일
어머니 어깨너머로
허리 숙인 겸손의 손길도 배웁니다

다 자란 가지랑 고구마 줄기 따 찬거리 만들고
무말랭이 만들고
풋고추와 깻잎을 소금물에 삭히는 늦가을

쏟아지는 잠의 끈 잘라가며
곶감 깎는 무뚝뚝한 아버지 어깨너머
참고 사는 도리까지 찾아 챙깁니다

넘어야 보이는 높은 등 뒤

도무지 넘볼 수 없는
은근한 어머니의 어깨 새삼 무겁습니다

숨어 피는 녹꽃
—불경기

쇳가루와 빗물이 만나
꽃 피우는 것도 죄짓는 일인가

공장 귀퉁이 쌓아 놓은 상자마다
지들도 꽃 피던 한 시절 있었다며
녹슨 꽃이 숨어 핀다

눈시울이 붉다

바람개비
—촛불 혹은 태극기

용서하지 않는 뒷짐으로

바람風으로
바람氣로

일어서는 너

다정한 봄볕

해 뜨면 온종일 볕이 좋았던 집

아버지의 가벼운 발걸음

뒷동산 멧비둘기 구성진 곡조를 풀어놓는 숲길

둥그런 나뭇짐에 꽂힌 진달래꽃

걸음 옮길 때마다 하늘거리고

시장기 달래는 점심나절

무쇠솥 안에 기다리는 양은 밥통 따순 온기

나눠줄 손길을 기다리고

마당귀 세워둔 지게엔

아직도 아버지의 부리지 않은 봄볕이

바지게에 한 짐

끝나지 않는 식사

소 잡는 날 맞춰서 들어선
식육식당 사람들

살살 녹는 맛이나 보라며
방마다 불고기판 벌어진다

우리 집 살찐 누렁이
긴 되새김실의 외양간 벗어나
이곳을 거쳤을까

순식간에 사라지는
근육질의 식사

아직 끝나지 않고 성업 중

인간의 식욕은 끝나지 않는다

반찬이 반갑다

한마을에서 나고 자란
사촌 동생을 먼저 보내고
친구를 잃었다며
동생 없는 집을 돌아
멀리 다니신다는 당숙
몸채 세 칸 방 비워놓고
사랑채살이 혼자 이십여 년
반찬이 젤 반갑다 하신다
—택배 착불로 보낸다이
—마지막이지 싶다
구순의 손이
쪽파, 시금치를 박스로 보내신다
반찬이 반갑다
반찬이 젤로 반갑다
사람 그립고 반찬 그리운
그 말씀
눈물로 받아 쓴다

익숙한 하루

혈통을 앞세운 셰퍼드 한 마리
공장 귀퉁이에 보금자리 마련해 주고
목줄도 채웠습니다

각종 기계 소리 블루투스 이어폰 소리에 묶여
아무리 컹컹컹 짖어도
공차 ±5/100 허용하는
측정기 버티고 있습니다

외경과 내경, 홈을 0 가까이
온종일 맞추다 보면
빙점으로 끌고 가는 목줄의 길이
고분고분합니다

익숙한 일에는
혈통을 따질 필요가 없습니다

제2부

희망의 비율

커피 설탕 프림의 커피믹스처럼
입맛에 맞는 조합
또 있을까 싶은 일
하루아침에 일궈냈을 리 없다

부도 맞고 멍들어
앙버티던 날들의 엇박자 리듬을
허무는 한순간

소재는 가득 차고
모두의 입맛에 미소하는
정교한 기술의 손을 받든 분명한 위로(慰勞)
삼박자 세계

희망의 비율도 뜨겁네

탓

바짝 가문 유월 한낮
버스 정류장 쉼터

젊은것들, 대통령을 잘못 뽑았다고
시선도 닿지 않는
악다구니 퍼붓는 시골 아낙

하지마저 놓친 늦모내기
한 해 농사 망쳤다는
날벼락을 논바닥에 대고 쐐기를 친다

악다구니에 당한 것은 하늘이었는지
간밤 밤새도록 단비 내렸다

한 시대를 거스른 젊은것들
또 누굴 잘못 뽑을지

적기에 심어 거두어야 할 우리

하,

네 탓, 내 탓 탓들

요즈음 박꽃

돌담 기어올라
초가지붕 위에 신접살림 차리듯 피던 박꽃이
요즘은 비닐하우스에서 핀다

초승달이 뜰 땐 아련해서 좋고
둥근달이 뜰 땐 넉넉해서 좋은

신혼의 단꿈같이
희디흰 박꽃

발에 밟힐 염려 없고
바람에 줄기 잃을 일 없는 하우스 안에서
새침데기처럼
몰래 핀다

어디서나 정 붙여 앉으면
그곳이 터전이다

전답 일기장

홀로 밭매며 골을 타던 어머니
가물가물한 기억의 고리 붙잡고
침 묻힌 연필 잡는다

호롱불 밝혀가며 삼베 짜 늘린 전답
골병만 남겨준 낡은 일기장이 펼쳐진다

읽을수록 삐뚤삐뚤
눌러쓴 연필 자국이 더 잘 보이는 밭골들

여든 고개 성한 곳 없는 더부살이
열 권 책으로도 모자란다

골 깊은 밭골길 일기장
따라가며 다시 읽는다

타이밍

그늘도 인적도 없는 땡볕 아래 정류장
오지 않는 버스를 기다린다

갈증 거느리고 왔던 길
다시 돌아가 목마름을 달래고 올까

이러지도 저러지도 못하고
선 채로 버스를 기다리는 동안
희끗희끗 머리칸 흩날리며
달려오는 트럭 한 대

과속방지턱을 넘으며
생수 한 팩을 적선하듯 내려주고
무심하게
모롱이 가볍게 돌아간다

갈증을 해결하고
트럭이 내려준 2리터 생수 여섯 병을

마을버스 정류소 긴 의자에 줄 세워 놓고
버스에 올라앉아 룸미러를 본다

거울 속에
눈이 웃고 있다

어린 날의 꿈

얼마나 좋았으면

쫄쫄 굶은 배 움켜쥐고
쫄쫄 울면서

무지개 따라가다
엎어져 코가 깨져도

얼마나 좋았으면

아직도 못 돌아오는
너

빗돌*

숨결을 새겨놓은
음각의 시구

글자마다 낭랑한
한 옥타브 4화음

몸으로 짚어 읽는
아이들 머리 위로

광배처럼 퍼지는
저 빛깔

청산(青山)에서
청산(清算)하는

보리피리 이중주

---

*빗돌: 소록도 한하운 시비 〈보리피리〉.

선거 벽보를 보면서

피어오르다 사라지는
길 건너 먼 공장 굴뚝 연기

산마루 햇덩이는 무심히 앉아
건물 아래로 선거 벽보 열두 장을 보면서
지리멸렬한 띠 자리다툼
십이간지(十二干支) 동물들을 생각한다

서로 다른 모습으로 악수를 청하며
달리기 틀 위에 발 올린 누군가는
출발선에서 지치기 시작하고

노을은
용의 형상을 한 구름이 뿜어내는 불덩이로
맞불을 놓는다

아무도 그 불 끄지 않는
흑백의 촉수는 살아

하늘이 점찍은 이름 석 자

TV 화면을 켤 때마다
화면을 채우는 얼굴뿐이다

돌탑

돌 하나씩 주워
나의 탑을 괴어 올린다

숲길을 오르내리며
흔들리는 불안도
작은 소망의 돌에 포개 얹으면
한 식구로 층층이 어울려 올라간다

마른 강 돌밭에서 주워 온
생각 다른 돌들도
탑에 앉으면

땀으로 어룽진
하늘을 털고
오롯이 꿈이 된다

무거운 나를
끌어올려 놓고도

와디*처럼

마른 날
자동 라인은 쉼 없이 돌아가다

똑
똑
똑
바닥을 적시는
빗방울

비 오고야
새는 자리 알 수 있는 지붕처럼
내 맘도 구멍 숭숭 뚫려
맨바닥이 흥건히 젖습니다

마른 날의 사물들 자동 라인도
숭숭한 흔적
감쪽같았지요

---

*와디: 평소에는 마른 골짜기이다가 큰 비가 내리면 물이 흐르는 강.

장독대

속은 삭이고
곁은 절여야 하는 게 시집살이라

짠맛도 매운맛도 다 사람 사는 거라

세월을 절이고 살면서
장맛처럼 달여내는 게 시집살인 거라

뚜껑 열면 속이 차고 빈 것
훤히 보이는 장독을 닦듯
아린 속도 다 이런 항아리 속이니라
마음으로 당부하던 어머니

새살림 차리고
만삭으로 배 불러올 때마다
비우고 더하며 사는 거라

내 삶을 조율하는

당신 비손 도량 장독대에
봉숭아꽃이 바알간 이유
이제야 알겠네

믿는 구석

묵정밭 가장자리
환삼덩굴 폭정이 드세다
개복숭아나무 허리까지 칭칭 감고
숨통을 조이고 있다

그 곁에 용감한 호박 한 포기가
환삼덩굴 눌러 깔고 앉아
아흐, 아흐
요람에 든 것처럼 호박 한 덩이
숨겨두고 있다

누가 심지도 않았는데
거기가 본디 자기 땅이라는 듯
환삼덩굴보다 더 억센 잎으로
이겨내고 있다

농사를 접은 내 어머니가
그랬던 것처럼

지게와 지겟작대기

시는
나의 삶을
두루 말아 짊어진
지게다

내 삶이 기우뚱할 때는
버팀목이 되어 받쳐주고
일으켜 세워주는
지겟작대기가
그 단짝이다

언젠가는
꽃 지게 몽다리에
지겟작대기로 박자 맞춰
한판 홍 돋우고

시 닮은 내 삶들 무겁게 짊어지고
힘차게 한번 일어서고 싶다

아이처럼

방학을 맞은 초등학교 1학년 아이가
자전거 타고 대로를 건너고
한참을 달려 역 앞을 지나다
펑크가 났다며
칸나처럼 붉은 얼굴로 자전거 끌고
아빠 엄마 일터에 찾아왔어요

놀란 가슴이
어떻게 왔냐고
큰소리가 먼저 마중을 했어요

—나는, 엄마가 보고 싶어 왔는데

문득
나도 하늘나라로 가는 기차를 타고
하늘 문 열어 갈 수 있다면
아버지 어머니도 깜짝 놀라
호통을 치실 것만 같아요

그래도
엄마 아버지 보고 싶어 찾아왔다고
환승역에서
아이처럼 말하고 싶을 때가 있어요

소뿔

사육(飼育)의 시대에 태어나
축구(畜狗)처럼
거두는 대로 받아먹고 살았지만
소는
살찐 몸으로 사람을 향해
한 번도
뿔을 간 적 없다

제3부

부모

밭이랑에 엎드려서야 알겠네요

밑거름 웃거름 주고
바람 불 때마다
지지대 세워
마디마디 묶던 사랑

우기의 풀처럼 자라는 옛 생각
밭고랑에 주저앉아 보네요

내 삶의 이랑마다
선 채로 바람막이던

바로 당신이
지지대였네요

소와 아버지

외양간에 매인 소처럼
아버지는 방안 침대에 매여 있다

산소 호흡기가 멍에 같다

손발에 흙 묻히지 말라고
호강하며 살아야 한다고
멍에를 다 벗고
모두 들여앉힌

눈 뜨면 들로 산으로 재바른 걸음
온전하던 몸으로 되돌아갈 것 같아
큰 눈 끔벅 일으켜 세운 아침

손에 잡힐 듯
고삐 매인 속울음이 마당을 구르던
황소의 가을걷이 그대로인데

오늘은

축사에 소가 누워 운다

나처럼은 살지 마라

경로 잔칫날 효행상 받은 어머니
어른 섬김이 뭔 자랑이라고
많이도 쑥쓰러워하신다

—상 받은 집 자식이란 말 땜에
너거 살면서 행동거지 힘이 들까 봐서

손목 이끌려 받은 상장
장롱 깊숙이 숨겨놓고
밭고랑에 엎드린 손이 바쁘다

—나처럼은 살지 마라

남긴 말씀은 닳고
낡아도
노모의 효행상
자식들 눈에 더 빛난다

숨바꼭질

주먹만 하던 푸른 감
주렁주렁 익어가면

단물 밴 그리움은
물구나무선 채
허공에 목을 빼고

어린 감꼭지
놓아버린 감또개
숨은 그 자리

아직 찾고 있다

풀의 비명

톱날 끝에서 잘린
풀의 비명이 허공에 흩뿌려진다

통곡으로 바닥을 치는
남은 그루터기들

잡초들의 안전지대는 어디인가

예초기나 풀들의 아우성에
한낮 땡볕은 일일이 들려줄 답은 없다

예초기 소리 운동장을 돌고
땀방울 맺힌 얼굴들
풀의 저항 잠재우며
한 조각 빵을 뜯고 있다

땡볕도 애처로운 듯
서둘러 내어준 귀퉁이로

하루가 수습되는 일들

자리 펴는 노을도 덩달아 안타깝다

뒤늦은 꾸지람

검은 띠 두른 채 웃고 계신
사진 보며 따라 웃다
왈칵, 마음속으로 파고드는 떨림

보드란 속살 속에
복숭아처럼 여문 씨로 살고 싶어

너-언 천둥소리도
시원한 호통으로 듣고 싶습니다

하늘 우러러
한 마리 이리처럼 부르짖고 싶습니다

불러도 듣진 못하실 테지만
기억에 없는 꾸지람이라도
다녀갔으면 합니다

사막의 눈물

닫은 마음 어루만지는 성자처럼
마두금은 애절하게 사막의 가슴을 뜯네

아프게 돌아섰던 마음을
두 줄 현으로 펴는 악사는
살아 있는 억척 고비사막도 울린다네

사막의 긴 연민 뒤로
끔벅이는 어미 낙타의 두 눈동자에
절로 맺히는 눈물

기억 저편 사막이 쓸어간 새끼에게
낙타는 푸른 눈물을 물리고
사막도 낙타를 눈물로 키운다네

사막의 성자 마두금은
제 가슴을 노래로 뜯고 있네

이승의 사랑

산소에 쪼그리고 앉아
눈물 머금은 잡초를 뽑습니다

아버지의 정수리는 아직도 젊습니다
손가락으로 빗질하듯
잔디 띠 사이사이 잡초를 뽑아내며
손톱에 돋는 풀물

이승의 사랑입니다

뿌리로 버티는 것은
손끝 닳지 않고
아리지 않고는 뽑히지 않는
뿌리로 버티는 슬하
흔들리는 어금니 하나
인공 치아 심은 볼이 부풉니다

일어서는 발목을 붙잡는

아까시 꽃향기가 유언처럼 짙은데
잔디는 봉분을 덮으며
번져가고 있습니다

깨어진 유리병 피하기

유리병끼리 부딪쳐 하나가 깨졌다
온전한 것이 힘이 센 줄 알았다

장롱 밑 부도어음 몇 장
십 년을 묻어두고
나선형 컨베이어에 꼬여버린 가공 칩처럼
매일 제자리를 돌고 있다

접힌 허리 펴기 오래
뒤엉킨 고리 자르고
맨바닥에서 본 바늘귀 같은 빛으로도
다른 정회전 버튼을 힘주어 누른다

종잇장을 장롱 속에서 꺼내
소지처럼 불붙여 허공으로 올린다

깨어진 것은, 힘이 세다

금기어

잘 길들여 같이 살겠다고
훈련소까지 보냈던 명품 견공을
목줄 잡아보는 새 주인에게
거처하던 집과 밥그릇, 물그릇 씻어
혈통서와 같이 보냈다

무시로 짖어
날 무는 환청

눈물 훔치며
불러주는 목소리 못 듣는
제 이름, 존

누구도 슬픈 말은
듣지 말아야 하는 말
진짜를 사는 금기어였다

사라진 이름들

뒷동산이 마을 가까이 내려오고
묘지가 새로 늘어난다

아이들 뛰놀던 뒷골목은 사라지고
길을 묻는 갈까마귀조차
이제는 보이지 않는다

하루를 물고 일어나는
부풀어 오른 물집의 긴 호미 끝 밭이랑에
붙잡힌 어린 시절의 노래
다 묻혀 아리다

굴뚝 연기처럼 사라진 이름들
뼈마디 드러낸 당산나무처럼

맵찬 바람이 불 때마다
울다가 흔들리는데

할매들은 경로당에 모여
매일 먹자 내기 놀이다

부탁

아침나절부터
건조대 끝에 달린 풍경을 흔드는 새바람
절간인 듯 소릿결로 분다

잠잠한 틈새를 허무는 전화벨 소리
낯선 목소리가
뜬금없이 부탁하는 지지표

앞앞이 다 나라를 위해 일하겠다는
가지런히 꽂아 놓는 인사와
안개꽃 같은 미끼 다발로 안기는 공약
얄밉기는 같다

깨끗하게 당선되길
풍경은
바람을 재운다

재벌 가계도

계열사만 있고 창업정신 없는 후손들
밥그릇 층층이 포개고 있다

다음 칸 에스컬레이터에 오르는
덩치 크게 부풀려진 자금줄
그 소실점에
숨은 입 벌리고 누운 상속자들

한 뿌리의 꿋꿋한 활착
잘 가꾸는 가계도 본다

잠결

사람 눈을 피해
자동차 엔진룸에 새끼 물어다 놓고
살짝 잠이 들었던가

이른 퇴근길
속도 줄이는 사잇길에서
마주친 차 창문이 소리를 친다
고양이가 울면서 달려온다고

급히 길을 비켜 세운 자리
어미 고양이 한 마리가
앞바퀴 밑에서 안절부절이다

주차 자리로 돌아와
엔진룸에 있던 새끼를 구해주는데
어미는 목이 쉬고
어린 것은 아직 단잠에 빠져 있다

단잠에도 새끼는 어미를 불렀던가
어미 귀는 새끼 쪽으로 열렸던가
알 수 없는 세상사를 본다

물안개

물안개 속에선
어디에 마음을 앉혀도 포근하다

덜 차거나
넘치지 않는

함께 했었던 인연들도
모두 너그럽다

물안개 속에서
기지개 켜는 나무들

아무도
행방을 묻지 않는다

제4부

흑백사진 속 소녀

앉은뱅이책상 서랍 안에
어쩌다 어쩌다가 거꾸로 방치된
순정한 기억 몇 점

교복 입은 나를 닮은 소녀가
흑백사진 속에
친구들과 웃음 짓고 있는데

푸드득
휘파람새 다 어디로 날아갔을까
찾을 수 없는
빈 하늘만 남아 있다

그 사진 속에
지금의 내가 소녀로
웃음 지으며 들어가 앉을까

먼 산

오르다 급경사를 만나면
묶어 놓은 도움 밧줄 내주며
무거운 몸을 당겨
끌어올려 주는 참 가까운 산이다

산정에 이르면
소음으로 헝클어진 머리 맑게 해주고
숲이 뿜어내는 숨결로
잡념들 씻어준다

그런데,
산은 내 바둥거리던 두 다리를
어느새 잘 교정해 주고도
하산하고 나면

언제나 멀리 나앉아
다시 오라 재촉하지 않는
먼 산이다

가려진 봄

눈 감아도 깨어 있는
불면의 시간
코로나19에 목숨 잃은 통곡을
마스크가 받아내고 있다
살아내야 할
일상도 숨 막히는데
팬데믹 해일에 휩쓸려
오독을 읽어낸 지구가
닻 내린 한 척의 배 같다
고집 센 불안증
안간힘으로 걷어차며
맨눈으로
신생대의 자를 잰다

꽃 지게

사방 먹장구름 피어나 자욱하다
IMF 소용돌이 예지몽일까

꽃 없는 벌집 근처를 지나
살길은 솔숲 조붓한 외길뿐

꿈에서 본 산마루에는
등짐을 진 피아노 한 대
땀에 절어 있다

꿀벌처럼 살아
한고비 아무 일 아니라는 듯
날갯짓 멈추지 않고
일에 파묻혀 몰두한 지 오래

피아노의 무게를 내려놓고야
풀리는 수수께끼

온 누리 파아랗게 번지는
구름 건반
빛의 연주가 오래다

꿈속 어깃장에 응답하는
현장의 목소리 웅장하다

꽃 피는 언덕

입술 여는 꽃망울마다
이름 불러주면
꽃도 환하게 웃는다

인동꽃 같은
찔레꽃 같은
그리움이 피는 언덕

나는,
어떤 꽃으로 피고 있는지

새벽부터 달려온 꽃소식에
눈 뜨는 아침이다

봄날이다

오종종 모여드는 햇살과
앉은뱅이 밀보리 살찌는
논밭 사이

드나드는 바람이
얕게 간지럼 먹이면
토박이 제비꽃 앉아
흙살을 움켜 핀다

이팝꽃 상긋상긋
앙가슴 연다고
덩달아
춤추지는 말아야지

밤이 자란다

저녁 식사를 마친 척추 신경
잠든 시간을 틈타
통증의 뿌리가 송곳처럼 찔러
살 저미는 밤이다

최면을 걸어도 그 뿌리는 밤새 자라
MRI 위에 몸을 뉘면
낱낱이 읽어 달라는 주문이 깜박인다
허리허리허리허리~
자석처럼 붙어 서로를 꼬옥 믿으며
더더더더더더더더더더~
몸이 보내는 신호인지 환청인지
귀마개는 잠잠하다

낮에 본 아름드리 회화나무를 불러와
먼 하늘빛 영험한 기운 빌어
뿌리의 엉덩이를 힘껏 밀어 올린다

사육된 짐승 한 마리
날카로운 발톱을 바짝
일으켜 세우는 밤이다

부채라는 이름표

늦가을 가뭄에 뿌린 씨앗
겨우내 흙이불 덮고 깊은 잠 들었다가
흙살 비집고 새순 소복한데
환율 시세 폭등으로
이자 갚기 급급하던 그때처럼
텃밭엔 잡초만 무성하다

한번 진 빚은
우기 가뭄 때를 가리지 않는다
독한 바랭이풀 같다

일벌이 답안을 찾은 꽃밭에
무거운 빚진 이름표 달고
한때를 밤낮없이 허덕이다

기어이 계정이 없는 그 이름
바랭이풀 다 뽑아낸다

보리누름이면

타작마당
타닥타닥 도리깨질
웃음소리도 따라 튕겨내며

세 가닥 휘추리
허공을 바퀴 돌아
보리처럼 털던 가난

이맘때면
입안도 깔끄럽던
유년의 기억 보따리

이제는
찾아가는 맛집
양푼이 보리밥
구수하다

지워지지 않는 풍경

언덕 위 초가 한 채
강을 굽어보고 있다

나룻배가 물길 열어
강나루 지키던 버드나무 아래
아이들 서넛 서성이고
모래밭엔 파라솔이 볕바라기 한다

어린 것 강가에 두고
모래찜질로 신열 앓아
상여꽃 쥐고 떠날 뻔했던

그 모래밭
수천 번 황토물이 쓸어가고
나루조차 없어진 날에

'니가 세 살 적에 데리고 갔는데
어찌 기억을 하노?'

꿈길인 듯 가보고 싶은

저 산 너머

푸른 강물 흐르는 거기

곡소리

아버지 장례식장에서 머리에 두건 쓰고 곡하며 지팡이 쥐고 있는데 엄마 찾는 다섯 살배기 아이가 어디서 주웠는지 꼬챙이 들고 와서는 허리 숙이고 곡소리 따라 하다 아이고 아이고 소리만 하지 울지는 말라 한다 이모 외삼촌 다 있어 좋은데 왜 우냐고 한다 나란히 선 상주들 사이를 비집고 들어와 울고 싶은 우리에게 하늘나라 가면 천사들이 지켜준다 그러니까 울지 마라 한다

울음과 침묵 사이 침묵과 웃음 사이
웃음과 울음 사이에 낀 침묵을

다섯 살 아이가
이 지렛목을 어찌 알겠는가

엄마 수준에도
아이고 아이고 곡소리가
맞는 곡이었다

화풀이

살 비비는 한식구도 바람 불어 밑불 센 날은
우글부글 서로 속 끓인다

노점 양동이에 똬리 틀고 기다리는
보신용 장어 앞에 멈춘 저녁때
장어 눈빛도 울분이 터질 것 같아
서둘러 흥정을 마친다

덜 삭은 분통으로 달구는 곰솥
솥뚜껑 들썩이는 몸부림의 체념이 뒤섞인다

센 불에 달아올라
허물어지는 장어 곰탕

저녁 밥솥이 구수한 밥내를
온 집안에 푸- 하고 뿜어댄다

피안의 출구

파도와 바람과 구름도 한 섬에 갇혀
천형을 앓는 한센 병동

병동 입구의 수십 년 수목들
일그러진 얼굴로 수십 년째 고개 떨군 채 살고 있다

그리워 찾아온 자식이
제 어미 얼굴조차 못 알아봐
철망 저편에서
바라보며 오열하는데

운명이 섬에 맡겨진 대빗자루 든 노인
병동 뜰에 구르는
애먼 낙엽을 쓸고 있다

파도는 쉬지 않고 끄덕 않는 벼랑을 기어오르며
가려운 제 몸뚱어리를 거칠게 긁어댄다

피안의 출구 열어둔 채
섬은 숨죽여
파랑의 시간을 끌어안는다

뱃살

할아버지 웃옷 들추며
다섯 살 민준이가
큰 공을 꺼내 달라 합니다

아빠 배를 들추고는
작은 공을 꺼내 달라고 합니다

뱃속 공 꺼내 줄 수 없는
젊은 할아버지와 아빠

배에 힘주어
겉옷을 열었다 닫았다

뱃살 도둑 찾는
크고 작은 공놀이
운동장이 왁자지껄합니다

아저씨 이름

아파트 19층에 사는
다선 살 수진이

엄마엄마 나~아
앞집 아저씨 이름 안다

엘리베이터 문 옆에
적혀 있는데
'방수구함'

회색 건물
새집 헌 집 층층이
방수구함

사라진 문패처럼
앞집 아저씨 이름은
방수구함

나의 메시지

내일을 노래해요 우리

봄기운 가득한
한우산 저 우람한 등허리 믿고

꺼낼수록 꽉 찬 당신께
종지기처럼 가끔 함께 가자고
종을 두드려 울릴 거예요

가쁜 호흡이 맑은 영혼 앞에
변명을 꼭꼭 씹어보는 거예요

그렇게 희망을 노래해요
우리

해설

받아쓰기 시침질

—강명자의 시세계

전문수(문학평론가·창원대 명예교수)

인생은 시침질인가 박음질인가? 이 질문을 강명자의 시집 발문 초두(初頭) 서언으로 먼저 던진다. 우리 동양의 시는 본래 불경의 화두 풀기처럼 인생을 화두참구(話頭參究)해야 숨어 있는 깊은 시적 미의식을 획득하는 것에서 출발했다고 본다.

강명자의 시는 자기의 인생살이에서 실제 하면서 알아차린 체험이 아니면 어떤 시류나 시풍도 따라가지 않는 고집이 있다. 시류의 풍에 편승해서 지어내려 하지 않고 진솔한 인생의 화두를 찾는 작시 태도가 올바르다는 것이다. 자기 삶이 담기지 않는 시를 언어로 조작하려는 태도는 전혀 하지 않기에 강명자의 시적 정념을 건져낸 시는 인생의 시침질이다. 평생 죽는 날까지 인생은 박음질이 안 되는 것이 맞다.

시는 하나의 사물에 대한 화두탐구와 같다고 보면 된다. 아래 인용 시 「시침질」은 시를 시침질한다는 언어 탐구 내용을 밝히는 것과 같다는 뜻이다. 이때 시침질이란 말은 바느질의 옷감 설계 처리 방법이지만 이 용어는 모든 설계 그리기와 같은 광의의 의미로 동일성화 되는 공유어가 된다. 이런 방식을 모든 분류학의 동일성 규정 원리라고 보기도 한다.

솜이불 바느질의 시침질과 시의 구조 설계하기는 그 기능면에서 동일하거니와 이는 비유법상으로는 은유의 기법 범주에 다 들어간다. 시 쓰기에서 이런 돌려쓰는 언어 기술을 알고 있다면 이미 시인은 세상의 모든 사물과 함께하며 살 수 있는 기초 자질이 쌓였다고 봐도 과언이 아니다. 시집을 일별하면서 즐겁게 평설 발문을 쓸 수 있겠다 싶어 바로 마음이 놓였다.

솜이불 시침질에 콕,
찔린 손가락이
나를 덮어 온 삶의 섶자리를
촘촘 깁습니다

네 모서리가 한 땀씩
중심을 잡아가는 이불

매듭을 묶기도 하고
끊어놓기도 하는 한 페이지 문장처럼
때로는 깊숙이 부끄러움도 감치며

아슬아슬 아린 마음 조각들 붙잡고
밤새워 풀다가 묶었다가

내 삶을 콕콕 찌르는 박음질
아직도 작시 시침질 중입니다

—「시침질」 전문

예전에는 우리 삶의 겨울나기에서 가장 친근한 것은 편안한 잠자리의 솜이불이 아닌가 한다. 온도의 예민함이 솜이불이고 보면 인생의 삶과는 안성맞춤의 시어이고 시적 주요 화두 풀이가 될 것이다. 물론 사람마다 다 다르다는 것은, 이것 역시 시침질일 수밖에 없다.

우선, 이 시를 보면 시인의 사물 보는 시적 안목이 든든하다. 이 정도로 인생을 화두 풀이로 볼 줄 알면 앞으로의 시적 사물 처리 능력의 신뢰는 튼튼하다고 본다. 이제 시를 참으로 즐길 줄 아는 자리에 들었다고 믿어진다. 역시 시는 밤새워 시침질하는 그 맛에 쓰지 않고는 못 배기는 것이다.

산정에 이르면
소음으로 헝클어진 머리 맑게 해주고
숲이 뿜어내는 숨결로
잡념들 씻어준다

그런데,
산은 내 바둥거리던 두 다리를
어느새 잘 교정해 주고도
하산하고 나면

언제나 멀리 나앉아
다시 오라 재촉하지 않는
먼 산이다

—「먼 산」 부분

왜 「먼 산」이란 시제로 시침질하고 콕 바늘에 찔렀을까 싶으면 독자들이 오히려 적극적으로 이해하려고 애를 쓸 것 같다는 생각을 하게 된다. 그 옛날 빅뱅 때 폭파된 돌 잔해로 마른 강가에 나뒹굴던 기억이 있다면, 산은 무너지는 하향이 두렵기 때문이다. 왜 제목을 「먼 산」이라 했을까. 이 언어가 화두처럼 읽히기를 바랐던 시인의 속내라고 보는 것이 옳다. 시는 독자에게 시의 꿈을 해몽해 보라는 제언이기 때문이다. 산은 제가 두려워서 눈치 빠르게 다시 오라 재촉 안 한 것이다. 무기교의 기교 같은 강명자의 정직함이 자기 시를 삶의 즐거움으로 보는 진정한 시인 자세 같다.

돌 하나씩 주워
나의 탑을 괴어 올린다

숲길을 오르내리며
흔들리는 불안도
작은 소망의 돌에 포개 얹으면
한 식구로 층층이 어울려 올라간다

마른 강 돌밭에서 주워 온
생각 다른 돌들도
탑에 앉으면

땀으로 어룽진
하늘을 털고
오롯이 꿈이 된다

무거운 나를
끌어올려 놓고도

—「돌탑」 전문

산의 반대는 '탑'이다. 산은 다 쌓은 돌탑이고 돌탑은 이제 시작하는 산 쌓기이기 때문이다. 누구나 최소한 가족은 서로 이루어 쌓은 삶을 꾸린 탑이니 무너지면 안 된다. 어쩌면 인생은 거창한 것이 아니라 참으로 소박하고 질박한 꿈이 탑이다. "마른 강 돌밭에서 주워 온 /생각 다른 돌들도 /탑에 앉으면" 무너지지 않는 탑이 한 가족이라는 탑이다. 그런데 이 시의 속내는 마지막 결구에 더 깊은 뜻이 담겨 있다. "무거운 나를/끌어올려 놓고도"라는 불안한 마음이다. 엄마인 시적 화자의 모성이 갖는 어떤 원죄 의식이 드러나기 때문이다. 완벽하지 못한 양육으로 몸만 굵어진 몸뚱이를 함께 같은 탑에 올려놓는 것이 두렵다는 모성의 원형이 얹혀 있다. 아마 지금쯤의 연치에 대한 시인 자신의 후회를 담고 싶었던 것도 같다.

아래 시는 강명자의 대표적 명시가 될 가능성이 짙다. 필자는 이 시를 읽고 강명자 앞날의 시세계가 조금도 의심되지 않는다고 단언을 했다. 참 기발한 시어 처리였기 때문이다. 아직 이런 시 기법은 강명자뿐일 것이다. 시에서 묵언의 기법이 함축법 너머의 더 큰 본자리가 아닐지 모르겠다는 생각을 했다. 이미 함축법은 한시의 생명이라 익히 알려졌지만 보다 현대시에서 이미지 이론이 득세를 하면서 비유법이 함축미를 다 끌어안아서 이 묵언이란 용어가 애매하게 묻히게 된 것 같았다.

얼마나 좋았으면

쫄쫄 굶은 배 움켜쥐고
쫄쫄 울면서

무지개 따라가다
엎어져 코가 깨져도

얼마나 좋았으면

아직도 못 돌아오는
너

—「어린 날의 꿈」 전문

기가 탁 막힌다. “쫄쫄 굶은 배 움켜쥐고/쫄쫄 울면서” 배고픔은 못 참던 어린 날을 못 버리고 아직도 안 오는 것 보면 얼마나 좋았던 시절인가 싶다. 이 표현은 돌 속에까지 버려져도 황금으로 남을 시구라 할 것 같다. 이 이상 알맞은 시구가 어디 있겠나 싶다. 그야말로 일물일어설의 완벽한 시어이다. 셋째 연에서 죽어도 좋은 무지개 꿈을 비로소 중심 상으로 반전

시키는데 뼈저리게 현재의 허무감에 든 아픔을 환기시킨다. 마지막 결구에서 총체적으로 영원히 못 돌아올 어린 날의 꿈을 그리워하는 천고의 진리를 제고시키면서 시를 완벽에 가깝게 끝을 맺는다.

아마 이런 시는 아무리 시대 의식의 문제가 있다고 해도 현재 강명자 이외는 지금까지 아무도 못 쓴 시세계를 창조한 것이라 본다. 시세계에 들어서서 엎어져 코를 깨면서도 그 시의 무지개 꿈을 이 시 한 편으로 이룬 셈이라고 평가하고 싶다. 그동안 익히 알고 있는 시의 함축미보다 이 묵언 및 묵조적 처리의 격이 매우 다르다는 점이다. 훨씬 고단수이다.

모든 존재는 서로 연기되어 존재한다는 사실은 이제 상식이 되었다. 따라서 저 홀로인 모든 존재는 존재할 수 없다는 것도 이제는 익히 알게 되었다. 그럼에도 불구하고 시인들조차도 이를 깊게 알고 시적 인식에 접근하는 이는 그리 많지 않은 것도 현실이다. 강명자가 쓴 시를 보면 바로 알아낼 수가 있기 때문이다.

굽이치며 흐르는 냇물
자갈돌에 부딪히고
바위에 이마를 짓찧으며
낭떠러지에서 구르고 온몸을 던져
갑자기 회전하며 주춤대는 것도

다 앞 물 받아쓰기네요

갈 길 바쁜 평지 흐름도 같이 가자는 악착같은 받아쓰기 잠시 뒤, 물이 머뭇거리는 것은 앞 물길의 시침질이 늦어서이기도 하지요 더러는 우쭐우쭐 혼자서 앞서는 것도 돌발적인 막힘으로 앞 물이 회전하기 때문이고요 악착같이 받아쓰기 못하는 물살은 역류하며 뒤이은 물에 그만 합류되고 말아요

젖은 나무 그늘 다가와 잔잔한 잠시의 호수
쉬어가라 손 내밀면 못 이기는 척
주저앉아 쉬는 것도 받아쓰기
앞서거니 뒤서거니 다시 물살을 끌며 흘러
흘러가는 배턴 받아쓰기

저 혼자 힘으로는 흐를 수 없는 물은
처음의 물 바닥 지세를 따라
끝내, 바다로 가서 차례로 쥐었던 배턴을 던진다네요

물의 한살이
사람의 한살이도 누굴 받아쓰기한 건가요

—「받아쓰기」 전문

아래 시는 비운 자리에 있는 "당신"이 누군지 알 수 없으나 '그리운 그늘이 된 분'일 것이다. "올무에 걸린 짐승처럼/발버둥 쳐도 헤어날 수 없네"의 그 존재를 "삶의 한 귀퉁이가 주저앉은 자리/눈물로 잎새 틔워서" 다시 "한 잎씩/떼어내어 가겠"다는 표현은 기발한 낯설게 하기 형상화이다. 이런 사랑의 청산은 결코 하지 못할 것 같다. 정말 모진 부채를 넘겨준 그분이다.

> 캄캄해서 보이지 않아도
> 다 퍼내었다고 여긴 아픔인데
> 다시 고이고 마는
> 내 안의 물관부
> 올무에 걸린 짐승처럼
> 발버둥 쳐도 헤어날 수 없네
> 당신 빈자리 너무 커
> 삶의 한 귀퉁이가 주저앉은 자리
> 눈물로 잎새 틔워서
> 아픈 기억 한 잎씩
> 떼어내어 가겠네
>
> —「그리운 나무 그늘」 전문

이제 강명자의 시세계를 종합해서 마무리할 단계에 이르렀다. 글의 서두에서 강명자의 시편들이 마치 여인들의 바느질 방식처럼 계절에 따라 다른 살림살이 옷 깁기 시침질이어야 한다는 전체 구도를 제시했었다. 부연하면 시는 시인 자신의 인생에 대한 수많은 변화의 옷 짓기가 돼야 한다는 자기 철학을 명시했다고 할 것이다. 그래서 누구보다 강한 자기 생활 시학을 개성화했다고 볼 수 있다. 그러면서 그 구체적 수단으로 시를 자기 인생을 져 나르는 "지게"의 기능으로 보았다는 점에서 마치 인생 시작과 종말의 합리적 구조를 잘 구축했다고 보아 높이 평가된다. 그것은 평생 시 지게로 인생을 짊어져 나르다 종결하겠다는 시적 세계관을 보여준 것이라 하겠다. 그래서 '지겟작대기'의 힘이 매우 필요한데 이 '지겟작대기'가 시 지게를 튼튼하게 받쳐주려면 성실한 일상의 생활도 철두철미하게 근면해야 한다는 모럴로 다짐을 하고 있다.

시는
나의 삶을
두루 말아 짊어진
지게다

내 삶이 기우뚱할 때는
버팀목이 되어 받쳐주고

일으켜 세워주는
지겟작대기가
그 단짝이다

언젠가는
꽃 지게 몽다리에
지겟작대기로 박자 맞춰
한판 홍 돋우고

시 닮은 내 삶들 무겁게 짊어지고
힘차게 한번 일어서고 싶다

—「지게와 지겟작대기」 전문

남보다는 늦게, 그간 걸어온 작품들을 한자리에 모은 첫 시집이지만 그 귀한 가치가 앞으로 강명자 시인의 새날을 밝혀 갈 바탕이 될 것이라 확신한다. 생각보다 놀라운 작품들의 수준을 보면서 발문을 쓰는데도 무척 기뻤다. 독자들에게 큰 박수 받았으면 좋겠다.

문학의전당 시인선 387

희망의 비율

초판 1쇄 인쇄 2025년 1월 2일
초판 1쇄 발행 2025년 1월 10일
지은이 강명자
펴낸이 고영
디자인 헤이존
펴낸곳 문학의전당
출판등록 제448-251002012000043호
주소 충북 단양군 적성면 도곡파랑로 178
전화 043-421-1977
전자우편 sbpoem@naver.com

ISBN 979-11-5896-677-5 03810